Colonel NIVELLE

CAMPAGNE D'INSTRUCTION 1912-1913

Manœuvres d'Artillerie divisionnaire

AVEC TIR RÉEL

PARIS
Henri CHARLES-LAVAUZELLE
Éditeur Militaire
13, Rue Dauphine (118, Boulevard Saint-Germain)
MÊME MAISON A LIMOGES

1913

Manœuvres d'Artillerie divisionnaire

AVEC TIR RÉEL

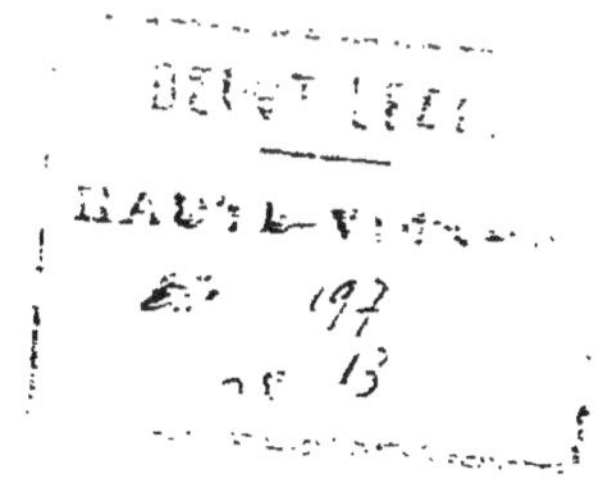

Colonel NIVELLE

CAMPAGNE D'INSTRUCTION 1912-1913

Manœuvres d'Artillerie divisionnaire

AVEC TIR RÉEL

PARIS
Henri CHARLES-LAVAUZELLE
Éditeur Militaire
10, Rue Danton (118, Boulevard Saint-Germain)
MÊME MAISON A LIMOGES
—
1913

Manœuvres d'Artillerie divisionnaire

AVEC TIR RÉEL

L'artillerie divisionnaire est l'unité tactique de l'artillerie, comme la division est l'unité tactique générale.

Voilà le point de départ, le fait fondamental, évident, qu'il ne faut jamais perdre de vue quand on s'occupe de l'instruction de l'artillerie en liaison avec l'infanterie.

La manœuvre avec tir réel de ce groupement aurait donc dû être depuis longtemps l'aboutissement rationnel, normal, de l'instruction des régiments d'artillerie.

Or, ce n'est que cette année, en 1913, qu'une prescription relative à l'exécution de semblables manœuvres a figuré, pour la première fois, dans un document officiel. Et pour bien marquer le caractère nouveau, osé, de la mesure, ces manœuvres, qui font en réalité partie intégrante de l'instruction régimentaire, au même titre que la manœuvre des trois bataillons d'un régiment d'infanterie, ont été placées sous la direction effective du général commandant le corps d'armée, suppléé, en cas d'empêchement, par le général commandant l'artillerie. C'est fort bien; mais ne serait-ce pas encore mieux si le principal intéressé, le général commandant la division, n'avait pas été laissé de côté ?

Il paraîtrait rationnel, en effet, que ces manœuvres fussent dirigées, sous la haute autorité du général commandant le corps d'armée, assisté du général commandant l'artillerie, par le général commandant la division, et que les généraux de brigade et les colonels d'infanterie de la division y fussent conviés pour y prendre une part active. Il y a lieu de penser que ces officiers généraux et supérieurs retireraient de leur participation à de semblables manœuvres un meilleur profit que de leur présence à des tirs techniques qui n'ont pour eux qu'un intérêt de simple curiosité. Et, en même temps, ces manœuvres deviendraient ainsi infiniment plus profitables à l'instruction des officiers d'artillerie.

. . . .

. . . .

Pour quelles raisons ces manœuvres-tirs, qui sont les véritables tirs de guerre de l'artillerie et méritent seules cette qualification, ont-elles été si peu pratiquées jusqu'ici et seulement par l'initiative isolée de certains généraux et chefs de corps ?

Comment a-t-on pu pendant si longtemps se contenter, dans l'artillerie, de faire du tir, avec, bien entendu, les accessoires obligés, marches d'approche, reconnaissances, occupations de positions, etc., sans faire en somme, autrement que dans des exercices de cadres ou dans des manœuvres avec la troupe, mais sans tir réel, de *l'emploi de l'artillerie ?*

Manque de chevaux ? Manque de terrains ?

Vains prétextes. Car même dans les régiments non renforcés, même avec les effectifs dérisoires actuels, qui ne seront bientôt plus, espérons-le, qu'un cauchemar, on peut toujours atteler deux pièces par batterie, ce qui n'a aucun inconvénient pour la manœuvre proprement dite et n'en a que bien peu pour le tir, au point où en est l'instruction quand on aborde les tirs d'artillerie divisionnaire.

Je serais presque tenté de dire qu'on trouve avantage, à un certain point de vue, à manœuvrer alors avec des batteries de deux pièces, parce que cela permet de résoudre un plus grand nombre de problèmes d'emploi de l'artillerie, de répartition des missions, des feux, etc., avec une dépense moindre de munitions. Or, hélas ! c'est toujours par là qu'on est arrêté. Je n'irai pas jusqu'à nier, toutefois, qu'il soit préférable de manœuvrer et tirer avec des batteries de quatre pièces quand on le peut, comme nous pouvons le faire dans les régiments renforcés, mais je veux dire seulement qu'on peut aussi s'en passer et qu'il n'est pas du tout nécessaire que plusieurs régiments soient réunis dans un même champ de tir pour que les manœuvres-tirs d'artillerie divisionnaire soient possibles. J'ajouterai même que tout vaut mieux que d'emprunter des éléments, fût-ce même des conducteurs et des attelages, au régiment voisin; cela gêne tout le monde et c'est de la mauvaise instruction.

- -

Manque de terrains ? Quelle est donc la région tellement déshéritée qu'elle ne dispose, à défaut d'un camp d'instruction, d'un champ de tir permanent ou de circonstance permettant de faire deux ou trois de ces manœuvres avec tir réel chaque année ?

Vains prétextes, aucune raison sérieuse.

Au surplus, la meilleure preuve en est que la chose est devenue tout à coup officiellement possible en l'an de grâce 1913, alors que rien n'est encore changé au point de vue de la pauvreté des effectifs.

A défaut de raisons matérielles, il faut donc en chercher de morales.

Ah ! celles-là sont nombreuses.

Désarroi des esprits, qui dure encore, hélas ! créé par des théories spéculatives qui tendaient à disperser les efforts au lieu de les coordonner et de les concentrer; théories dangereuses, parce que souvent ingénieuses, séduisantes pour des esprits non prévenus, pour ceux qui oublient que la guerre a horreur de toute doctrine qui ne s'appuie pas sur des arguments de fait.

Esprits faussés par les pratiques suivies dans les manœuvres de garnison et certaines grandes manœuvres; je m'explique. Quand on étudie le cas général du combat encadré, on assigne des limites latérales au terrain de l'action, ce qui est parfait pour l'infanterie, mais devient un non-sens grave pour l'artillerie. C'est en partie de là que nous est venue la pratique néfaste du compartimentage, de l'emploi de l'artillerie dans le sillage même de l'attaque qu'elle prétend appuyer, où, quatre-vingt-dix-neuf fois sur cent, elle ne pourra rien faire.

Compartimentage *a priori*, avant même de savoir ce qu'on fera, groupements momentanés qui n'en sont bien souvent que la contrefaçon, car ils ne sont en réalité que du compartimentage *a posteriori;* tout cela est bien inutile et les liens tactiques normaux, établis et éprouvés par l'expérience de tant de guerres, suffisent à tout quand on sait s'en servir, tandis que leur rupture conduit à des conséquences désastreuses.

Où est le remède ? C'est bien simple, il faut en revenir toujours au point de départ : la division est l'unité tactique générale, elle seule dispose d'artillerie; par conséquent, toute manœuvre à laquelle cette arme participe doit, en général, être élargie au cadre de la division.

Mais, comme il y a peu de garnisons qui, même avec l'aide des voisines, puissent mettre sur pied une division, deux moyens se présentent : ou bien faire entrer en jeu des unités fictives, ou bien majorer la valeur des unités, les compagnies représentant des bataillons, ce qui permet de former une division avec un régiment à trois bataillons. Les deux procédés ont avantages et inconvénients; il faut être éclectique, employer tantôt l'un, tantôt l'autre. Les inconvénients apparaîtront atténués si on veut bien ne pas perdre de vue que les manœuvres de garnison sont faites surtout pour l'instruction tactique des officiers.

Mais, en tout état de cause, la zone d'action de l'artillerie doit s'étendre sur tout le front de combat de la division.

Il en est de même des évolutions et des grandes manœuvres de brigade avec un groupe d'artillerie. Quoi de plus propre à fausser les idées ? Et cela coûte-t-il donc beaucoup plus cher de faire manœuvrer deux brigades réunies que séparées ? Est-il admissible que, pendant plusieurs années consécutives, un général de division n'ait pas à sa disposition pendant quelques jours sa division complète ?

Vous vous demandez où je me laisse entraîner, où je veux en venir, car nous voilà bien loin, en apparence, de nos manœuvres d'artillerie divisionnaire avec tir réel.

Je ne les perds pas de vue cependant et je prétends que la pratique de ces manœuvres est de nature à faire disparaître, comme par enchantement, toutes ces billevesées du compartimentage, des 200 mètres de front, de la dispersion organisée des moyens et des feux, de la neutralisation, de l'économie des forces mal comprise, de toutes ces choses dont il n'était pas question à Austerlitz, à Iéna, à Saint-Privat ou à Lüle-Bourgas (1).

Il saute aux yeux, en effet, que le jeu normal des combinaisons des trois groupes d'une artillerie divisionnaire pour la répartition des missions, le croisement, la concentration des feux, la solution des problèmes sans cesse variables qui se posent dans le combat de la division, l'augmentation de puissance, de rendement, de souplesse, qui en résulte, il est évident que tout cela doit faire tomber

---

(1) Souvent même le problème de l'angle mort, dont on a cherché la solution technique dans les études sur la réduction de la charge et l'emploi des rondelles, est susceptible, par le choix judicieux des batteries appelées à battre l'objectif défilé, d'une solution tactique, qui procurera par surcroît l'avantage du tir d'écharpe. C'est donc alors une question d'organisation du commandement des grands groupements d'artillerie, relevant du domaine tactique et non technique.

comme châteaux de cartes toutes les dangereuses utopies dont il s'agit.

Voilà donc bien démontrée, je pense, l'utilité, pour l'instruction de l'artillerie en particulier et pour l'étude de l'action combinée de l'infanterie et de l'artillerie en général, des manœuvres d'artillerie divisionnaire, qui trouvent leur plein épanouissement dans la manœuvre avec tir réel.

. . . .

. . . .

L'exécution de ces manœuvres soulève de nombreux problèmes pratiques, pour la solution desquels le règlement se contente, à dessein sans doute, de formuler çà et là quelques vagues principes généraux.

On peut se demander s'il ne conviendrait pas de serrer certaines questions de plus près. Mais il y a, en tout cas, des choses auxquelles il faut avoir beaucoup réfléchi, qu'il faut avoir étudiées, pratiquées dans de nombreux cas concrets, pour ne pas être surpris, pour obtenir un bon rendement de tous les éléments mis en jeu.

Telles sont, par exemple, les attributions respectives du colonel et du lieutenant-colonel, des commandants de groupe, en matière de commandement, de reconnaissances, d'emploi de l'artillerie, de conduite des feux, etc., etc.

Conduite des feux. — Physionomie générale de la manœuvre.

D'une manière générale, tout ce qui est tir, réglage, conduite du feu, désignation des objectifs, n'est pas du ressort du commandant de l'artillerie divisionnaire. Ce qui lui incombe, c'est la répartition des missions, la reconnaissance des emplacements généraux des groupes, la conduite du combat en liaison avec l'infanterie, la concentration des moyens, le choix des groupes ou batteries en situation de faire des tirs d'écharpe, de battre des angles morts dans des secteurs éloignés, etc., etc.; en un mot : *l'emploi de l'artillerie.*

C'est aux commandants de groupe qu'appartiennent la conduite du feu, le choix des objectifs dans les limites de la zone et de la mission qui leur sont assignées.

J'insiste sur ce point, parce que cette décentralisation nécessaire ne paraît pas être universellement admise. Certains auraient tendance à voir dans un tir réel d'artillerie divisionnaire quelque chose d'analogue aux anciennes manœuvres de masse, le tir d'une grande batterie d'un plus ou moins grand nombre de pièces, avec des répartitions d'objectifs et des problèmes de tir plus ou moins variés.

Les manœuvres d'artillerie divisionnaire avec tir réel sont tout autre chose. La circulaire ministérielle prescrivant ces manœuvres ne dit pas, avec juste raison : « Tirs d'artillerie divisionnaire », mais bien : « Manœuvres d'artillerie divisionnaire avec tir réel..., dont le but est de développer l'instruction tactique des officiers. »

Il s'agit donc, non seulement de tirer, mais bien de mener de bout en bout le combat de la division, avec tous les problèmes d'emploi de l'artillerie qu'il comporte.

On trouve encore beaucoup d'officiers, d'artilleurs même, et non des moindres, qui restreindraient volontiers le rôle de l'artillerie à la science de bien tirer sur un objectif désigné. A coup sûr, il est essentiel de savoir bien tirer en toute circonstance; c'est la science de l'artilleur. Mais il y a autre chose. Il faut aussi savoir arriver, en temps utile, au bon endroit, tirer, comme il convient au matériel et au moral, sur les bons objectifs, au moment opportun... Cela, c'est l'art de l'artilleur, plus rare et plus difficile à acquérir, et sans lequel cependant la science du tir ne sert à rien. Ce côté important du rôle général de l'artillerie trouve sa pleine application dans les manœuvres d'artillerie divisionnaire avec sanction du tir réel.

Avant de tirer, il faut manœuvrer d'accord avec l'infanterie, sans du reste que l'une de ces choses doive être sacrifiée à l'autre. Les problèmes de tir qui se poseront aux commandants de groupe résulteront de la situation générale, de la mission qui leur aura été assignée. Une fois ces problèmes de tir ainsi posés, il appartiendra au chef d'escadron de veiller au choix opportun du tir d'efficacité qui convient à l'objectif, au mode de réglage qui en est fonction, à la densité nécessaire (1), à la répartition,

---

(1) J'ouvre ici une parenthèse pour résumer en deux mots les considérations sur la densité du tir, auxquelles il a été plusieurs fois fait appel dans nos critiques : cette notion de densité est à peu près complètement absente de notre règlement; c'est cependant à elle qu'il faut recourir quand on veut se rendre compte, *a priori*, et autrement que par la loi dérisoire des 200 mètres, du nombre de batteries à engager sur un objectif déterminé, de front donné, et de la nature du tir d'efficacité qui convient.

On admet que pour obtenir la destruction morale d'un objectif animé, il faut lui infliger 25 p. 100 de pertes instantanées. Je dis « destruction morale » et non pas matérielle, ce qui n'existe pas, et encore moins « neutralisation », mot vide de sens et pourtant d'influence néfaste, à rayer de notre vocabulaire militaire. La destruction morale suffit pour mettre une troupe hors d'état de reparaître avant longtemps.

Des expériences nombreuses ont été faites pour déterminer la densité de tir nécessaire pour obtenir 25 p. 100 de pertes instantanées sur divers objectifs, de front donné.

Il est, bien entendu, inutile de chercher à retenir tous les résultats obtenus. Deux chiffres suffisent, les voici : pour obtenir 25 p. 100 de pertes sur de l'infanterie debout, en tirailleurs ou en colonne, il faut un tir de densité 6; sur une batterie blindée en action, la densité doit être de 32. (Avec ces deux chiffres faciles à retenir, on rétablit le reste par interpolation approximative : tirailleurs à genoux, 8; batterie défilée, personnel abrité, invulnérable aux shrapnels; infanterie couchée, densité 48, c'est-à-dire consommation de munitions trop forte, en général, pour le résultat à obtenir.)

La densité se définit : le nombre de projectiles tirés par une batterie dans une rafale d'efficacité, sur un objectif de 100 mètres de front. De sorte que, comme conclusion pratique, le genre de tir à exécuter, dans le cas n° 1, infanterie debout, sera : « Par trois, fauchez. » Cela fait, en effet, 12 projectiles sur un front de 200; la densité est 6. Dans le cas n° 2, artillerie défilée en action, ce sera un tir « Par quatre » sur front de 50 mètres, ce qui fait $16 \times 2 = 32$; il faudra engager 2 batteries sur un front de 100 mètres.

On voit donc que, quand on n'a pas d'autres données pour déterminer le nombre des batteries à engager, on peut s'en faire une idée première en se basant sur la densité nécessaire, le front et la nature de l'objectif. Mais j'insiste sur ce point que ce calcul

au nuancement, etc., etc. Le commandant de groupe posera tous les problèmes de tir qui lui paraîtront répondre à sa mission et veillera à leur solution, de façon que pas une cartouche ne soit tirée sans profit pour l'instruction.

Il importe même de tenir fermement la main à ce qu'il en soit ainsi, pour ne pas donner prise aux critiques de ceux qui prétendent que le tir simultané de plusieurs groupes, dans une manœuvre d'artillerie divisionnaire largement articulée, conduit au gaspillage des munitions. Il ne saurait y en avoir, au contraire, de mieux employées.

Attributions respectives du colonel et du lieutenant-colonel.

L'article 60 du titre V du règlement est, à dessein sans doute, très sobre de précisions à ce sujet. Il est bien difficile, en effet, d'établir des règles fixes et il vaut peut-être mieux ne pas le faire.

Ce qu'on peut dire en tout cas, c'est que, dans l'ensemble des devoirs qui incombent au colonel et au lieutenant-colonel, il y aura toujours largement du travail pour deux et que jamais on ne devra en être réduit à cette solution exécrable : le lieutenant-colonel doublure du colonel.

---

n'a pas d'autre prétention que de fournir une donnée première à défaut d'autres, que cette donnée ne prévaudra jamais, par exemple, contre le nombre des batteries avec lesquelles on aura à lutter, si on peut le connaître, avec la nécessité d'avoir sur un point donné (assaut) une densité de feux aussi grande que possible.

Car il ne faudrait pas, bien entendu, donner à cette indication la valeur d'une règle, d'une formule rigide remplaçant celle des 200 mètres. La notion de densité, au contraire, amène à des solutions variables avec la nature des objectifs, le terrain, la situation tactique, elle a donc une souplesse extrême, en rapport avec celle du canon; c'est donc exactement l'opposé de la loi des 200 mètres, d'une rigidité absolue, prétendant s'appliquer à tous les cas, bien et dûment enterrée — ne la ressuscitons pas.

Il faut que les commandants de groupe et de batterie soient bien pénétrés de cette notion féconde de densité, qui leur sera d'un grand secours pour la conduite du feu.

Si la reconnaissance faite par le commandant de l'artillerie divisionnaire avec le général commandant la division a besoin d'être complétée, le plus souvent le lieutenant-colonel accompagnera le colonel dans cette reconnaissance, ou bien il opérera simultanément de son côté si le colonel juge à propos de partager le travail : le lieutenant-colonel sera, en effet, venu en temps utile aux renseignements et aux ordres.

Souvent même, à moins qu'il n'y ait contre-indication, il sera accompagné ou suivi de près par les commandants de groupe, tirant à leur remorque les éclaireurs et les reconnaissances de batterie.

Quoi qu'il en soit, le lieutenant-colonel recevra à ce moment les ordres du colonel :

Situation des amis et des ennemis;

Intentions du commandement;

Rôle général de l'artillerie, répartition des missions entre les groupes, leurs emplacements;

Mission du lieutenant-colonel, déterminée par des ordres nets pour le début de l'action, par des directives générales pour la suite, pour parer au cas où les ordres n'arriveraient pas en temps utile, etc., etc.

Au cours du combat, le colonel interviendra pour modifier les missions, élargir, rétrécir les zones d'action, augmenter la densité du tir sur certains points, organiser la concentration des feux, faire battre par des feux d'écharpe des objectifs, des angles morts, placés dans la zone d'action d'autres groupes, etc., pour jouer, en un mot, à tout instant, le rôle de *régulateur*.

C'est dans la solution incessante de ces problèmes que le commandant de l'artillerie divisionnaire, dont l'activité, l'esprit de prévoyance ne devront jamais cesser d'être en éveil, aura à déployer et à faire déployer par ses adjoints la plus grande activité tactique et physique.

Pour jouer convenablement ce rôle dans le combat, il faut des colonels bien montés, capables, eux et leurs montures, de galoper, en toute liberté d'esprit, 6, 8 kilomètres à travers pays, à verte allure.

Dans ce jeu bien articulé des groupes d'une artillerie divisionnaire, les rôles respectifs du colonel et du lieutenant-colonel se tracent tout naturellement dans leur variété incessante. Tantôt le lieutenant-colonel commandera des groupes au feu, tantôt il aura à assurer le ravitaillement en munitions, hommes et chevaux, tantôt il préparera un changement de position, sera chargé de régler les mouvements délicats par échelons des groupes et batteries, organisera le commandement quand des batteries étrangères au régiment viendront s'intercaler, etc., etc.

Sans départager les attributions d'une manière absolue, on peut cependant formuler en principe la règle suivante :

Le colonel, en contact direct avec le commandement, dont il est le délégué pour l'artillerie, se tenant en liaison avec l'infanterie, ayant toujours à prévoir et à préparer l'avenir, a dans ses attributions l'*emploi de l'artillerie*.

Le lieutenant-colonel exerce, en conformité des ordres et directives du colonel, le commandement, partiel ou total, des batteries, qu'il a notamment le devoir de maintenir constamment en état de marcher et de tirer.

Cela constitue déjà une tâche importante et une grosse responsabilité. « Tout chef d'artillerie qui laisse ses batteries manquer de munitions pendant le combat mérite la peine de mort. » (Napoléon.) Cette grave question du ravitaillement est trop souvent perdue de vue dans les manœuvres avec tir réel.

Un large champ sera donc également ouvert à l'activité du lieutenant-colonel, à son esprit de prévision, de décision, car il ne recevra pas toujours d'ordres et devra cependant toujours faire en sorte de compléter l'œuvre du colonel, qu'il aura soin de tenir constamment renseigné par des comptes rendus périodiques, sur la situation, les résultats obtenus, ceux qu'on poursuit, etc.

Ainsi compris, le rôle du colonel commandant l'artillerie divisionnaire et de son *ad latus* le lieutenant-colonel, l'impulsion générale et régulatrice qu'ils exercent à tout instant, en coordonnant les efforts, évitant leur dispersion, ont une influence considérable sur l'action de l'artillerie dans le combat, et par conséquent sur le combat lui-même, auquel ils donnent de la vitalité, de l'unité.

Pour bien remplir ce rôle, une collaboration étroite du temps de paix, une pratique fréquente des manœuvres d'artillerie divisionnaire sont nécessaires.

Tout cela ne se met pas en formules.

. . . .

Dans l'exposé sommaire qui vient d'être fait de la physionomie générale des manœuvres d'artillerie divisionnaire et du rôle du colonel, du lieutenant-colonel et des commandants de groupe, on voit nettement, comme nous le disions plus haut, qu'il n'y a plus de place pour le compartimentage tactique ou technique, pour la liaison par en bas, pour la rupture, sous quelque forme que ce soit, des liens hiérarchiques normaux. Il faut bien dire aussi que c'est peut-être, en partie, parce que ce rôle du commandant de l'artillerie divisionnaire a été trop souvent perdu de vue, mal compris, incomplètement rempli, qu'on a versé dans le compartimentage, l'émiettement et autres utopies, sans en apercevoir les dangers.

. . . .

Adjoints du colonel et du lieutenant-colonel.

Pour l'accomplissement des missions multiples et à grande envergure qui lui incombent, le commandant de l'artillerie divisionnaire ne dispose que d'un personnel très restreint. Il a deux officiers adjoints, un de l'active, un de la réserve. Quand il se séparera du général commandant la division, c'est-à-dire au moment d'entrer en pleine activité, il laissera auprès de cet officier général un de ses adjoints comme agent de liaison et n'aura plus avec lui qu'un seul officier.

Il y a évidemment une grosse disproportion entre cette pauvreté et la richesse des commandants de groupe, qui sont très largement dotés.

Si, au moment où il fera sa première reconnaissance, le commandant de l'artillerie divisionnaire a le lieutenant-colonel avec lui, cela constituera déjà un appoint sérieux, puisque le lieutenant-colonel est accompagné de deux officiers de réserve et des agents de liaison des groupes. Si, en outre, les commandants de groupe sont là, ce sera l'abondance, car on pourra utiliser les éclaireurs et les agents de liaison pour toutes les besognes communes ou particulières.

Mais si le colonel est seul, il n'attendra pas pour faire sa reconnaissance; comment alors laissera-t-il trace sur le terrain ? Comment marquera-t-il les emplacements des groupes ? C'est à lui que ce soin incombe en effet, puisqu'il connaît seul, à ce moment, la situation, les intentions du commandement, le terrain. Et on conçoit l'intérêt qui s'attache à ce que les emplacements, reconnus largement, soient marqués sur le sol, de façon que, lorsque les commandants de groupe arriveront, ils puissent, au premier coup d'œil, voir l'ensemble de leur emplacement, faire de suite travailler leurs adjoints, substituer s'il y a lieu leurs propres agents à ceux du commandant de l'artillerie pour marquer les emplacements des batteries.

Faut-il donc pour cela que le commandant de l'artillerie divisionnaire dispose en permanence d'agents spéciaux, qu'il fasse venir d'avance près de lui des éclaireurs, les adjoints des commandants de groupe, etc. ? Je ne le crois pas. Là encore, ce sera une question d'espèce, de prévision, d'entente à tous les degrés. Toute formule serait nuisible.

Ce qu'il faudra surtout, c'est que le jeu des reconnaissances, aux divers échelons, soit très souple, très perçant, que chaque échelon n'attende pas d'être appelé pour pousser de l'avant. Il faut que toutes les reconnaissances se fassent, autant que possible, simultanément, tout en gardant chacune, comme le dit fort bien le règlement, leur objet propre.

La seule limite à cette poussée en avant des reconnaissances, et même des batteries, sera déterminée par le souci, sans timidité toutefois, de la sécurité et du défilement, celui d'éviter les mouvements rétrogrades, les mouvements latéraux de trop grande envergure.

Les points à ne pas dépasser seront indiqués autant que possible.

Dans ces conditions, le commandant de l'artillerie divisionnaire ne manquera jamais des auxiliaires dont il aura besoin. Il ne faut pas, d'autre part, être effrayé de cet afflux des pelotons de reconnaissance. S'ils sont bien dressés, ils ne se montreront pas inopportunément, ils ne constitueront aucune gêne, tandis qu'il sera très utile de les avoir sous la main.

En opérant ainsi, l'artillerie évitera le reproche qui lui est parfois adressé et qu'elle ne doit jamais mériter, d'arriver trop tard, de subordonner à un formalisme technique la rapidité et l'opportunité de son intervention.

. . . .

L'un des principaux devoirs de l'officier adjoint au colonel, surtout pour la première reconnaissance, lors de l'entrée en action de l'artillerie, sera de saisir le fil qui lui sera tendu de l'arrière, d'établir la liaison et de ne plus la perdre.

Que fera encore l'officier adjoint au colonel ? Cheminements à reconnaître pour que les reconnaissances puissent marcher bon train et sans faire de détours inutiles, orientation rapide par rapport au terrain, aux troupes opérant dans le voisinage, mesures de sécurité, etc.

Ce sera très varié et un bon rendement ne sera obtenu que par le travail en commun du temps de paix.

L'officier adjoint au colonel devra toujours être un cavalier consommé, très bien monté; le capitaine instructeur paraît en général désigné.

. . . .

. . . .

J'avais commencé cette étude dans la pensée d'arriver peut-être à formuler certaines règles pour la solution des problèmes pratiques qui se sont posés dans nos manœuvres d'artillerie divisionnaire de 1912 et 1913 et qui se poseront dans les tirs en pleins champs que nous exécuterons prochainement.

A part quelques points nettement établis : décentralisation des attributions pour la conduite du feu, attributions respectives du colonel et du lieutenant-colonel, simultanéité des reconnaissances, il n'a pas paru possible, ni peut-être désirable, d'aller plus loin dans la voie des formules.

On pouvait s'y attendre. Pour le combat des grosses unités — et il s'agit ici de la division — il faut s'en tenir à des principes généraux. Le reste relève des connaissances militaires générales à tous les degrés, des facultés naturelles que l'on possède et que l'on garde sur le terrain, du sentiment de la situation, maintenu exact autant que possible par le contact permanent avec le commandement et les troupes avec lesquelles on opère.

Etudes générales, facultés naturelles, diligence à se renseigner, c'est tout l'homme qui est en œuvre à la fois.

. . . .

. . . .

A défaut de formules — la guerre ne les aime point — cette étude aura du moins eu pour résultat d'orienter dans le même sens nos réflexions communes, et c'est le seul but que je visais.

Pour le reste, *Acta, non verba.*

Paris et Limoges. — Imp. et libr. milit. Henri CHARLES-LAVAUZELLE.